8° R
28495

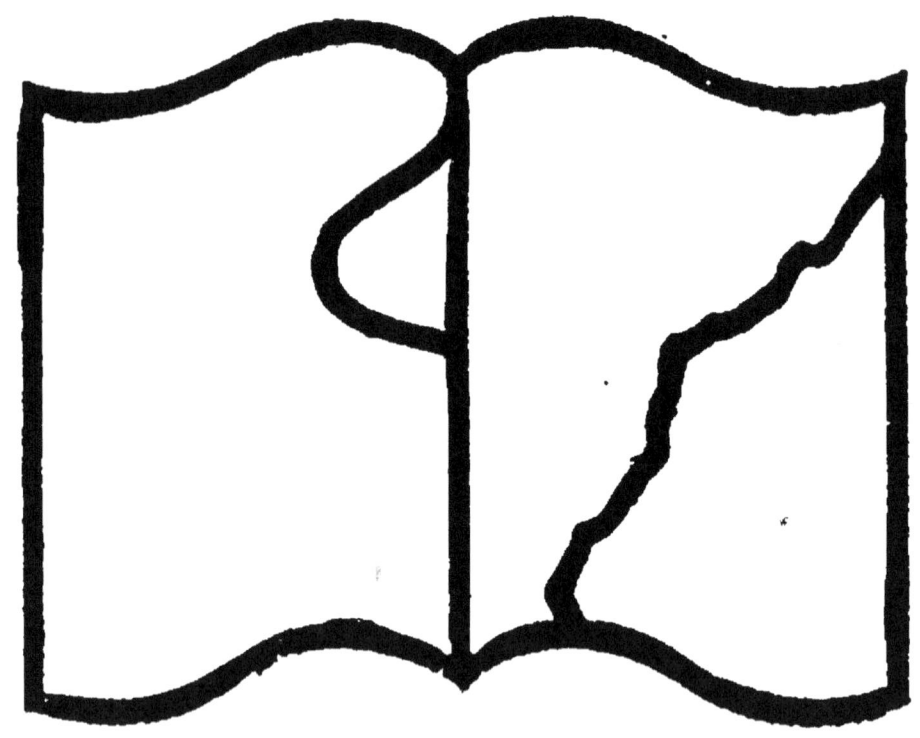

Texte détérioré — reliure défectueuse
NF Z 43-120-11

RECUEIL
DE
MORALE ANNAMITE

PAR

Yên-sa **DIỆP VĂN-CU'O'NG**

煙沙葉文疆撰

TOUS DROITS RÉSERVÉS

SAIGON
IMPRIMERIE DE L'UNION
157, Rue Catinat

1917

RECUEIL
DE
MORALE ANNAMITE

PAR

Yên-sa DIỆP-VĂN-CƯỜNG

TOUS DROITS RÉSERVÉS

SAIGON

IMPRIMERIE DE L'UNION
157, Rue Catinat
—
1917

Introduction préliminaire

Pourquoi ce livre de morale ?

Mes enfants, je n'ai pas la prétention de rien vous enseigner de nouveau, surtout en matière de morale; je ne saurais rien vous enseigner sur cette matière que vos père et mère ne sachent aussi bien que moi, et vous l'enseignent mieux par l'exemple, rien surtout que vous ne sachiez vous-mêmes sans vous en douter.

Ce fond de morale sur lequel ont vécu nos ancêtres, vous en avez reçu l'héritage en naissant. Le petit enfant, qui vient au monde tout nu et dépourvu de tout, si faible que, sans le secours de sa mère, il serait chaque jour exposé à périr, est pourtant riche de toutes les aptitudes, de tout le travail des facultés de ses ancêtres, riche de toutes leurs vertus accumulées.

Vous n'apprendrez donc rien de ce livre de morale que vous ne sachiez déjà, mais vous apprendrez par là à formuler ce que vous savez par intuition. Vos parents reconnaîtront, à chaque pas dans ce livre, que je les prie de lire avec vous et de vous expliquer, ce qu'ils ont appris eux-mêmes au temps où l'enseignement de la morale se confondait avec celui des caractères.

— II —

Autrefois, bien lentement, les enfants apprenaient des caractères, toujours quelques pensées morales, qu'ils récitaient d'abord sans comprendre et admettaient de confiance comme maximes de vie reçues par tous. Ceux qui étaient plus âgés et plus instruits pouvaient recevoir quelques explications de plus, l'élite seule des élèves arrivait à démêler le sens caché de cette écriture sacrée dont les arcanes ne s'ouvraient que pour les seuls initiés.

Mais tout cela durait bien longtemps. Les écoles de quôc-ngữ ont remplacé les écoles de caractères, et les écoles de français remplaceront peu à peu les écoles de quôc-ngữ ou s'y superposeront.

Or, faut-il attendre que vous sachiez le français pour apprendre la morale? Nous ne le pensons pas, et nous avons voulu vous donner dans votre langue la clef de la morale de vos ancêtres, la seule qui vous convienne pour longtemps ou pour toujours, si vous devez vous en tenir à l'enseignement en quôc-ngữ du village.

Toute instruction ne vaut rien qui n'a pas son point de départ et son point d'arrivée dans la morale. L'absence d'éducation morale ne servirait qu'à rendre plus méprisable l'homme très instruit, qui ne connaîtrait pas la morale et ne s'y conformerait pas. S'il faut qu'un enfant choi-

— III —

sisse parmi les degrés d'instruction : qu'il se borne à la morale, elle contient tous les autres savoirs, s'il n'a pas le temps ou les moyens de les acquérir l'un après l'autre.

Si nous voulons vous enseigner cette morale en annamite, ce n'est pas que nous prétendions vous faire comprendre que la morale n'est possible que sous cette forme, ni que la morale annamite soit préférable à la morale française. Mais comme le verront plus tard ceux qui pourront pousser leurs études jusqu'au bout des études françaises, les Français ont la même morale, la méthode seule est différente.

Notre morale annamite, comme toutes les morales, constitue un dogme, c'est-à-dire un ensemble de règles précises formulées depuis des milliers d'années et transmises par la tradition d'une génération à l'autre pour maintenir le respect du bien, des rites, et l'obéissance à tous les pouvoirs légitimes. Depuis le ciel et le roi, c'est-à-dire aujourd'hui depuis le ciel et le gouvernement, jusqu'à l'enfant qui rentre à l'école, l'autorité s'exerce de haut en bas. C'est à ce prix seul qu'un peuple peut prospérer et vivre heureux.

Sans doute pourrait-on enseigner à nos enfants annamites la morale d'une façon plus moderne, et nombre de livres de morale en annamite donnés dans les écoles ne sont que des démarquages et des traductions de petits livres de morale française. Nous n'avons rien voulu changer à nos traditions annamites : le premier degré des études étant, pour nos enfants, l'étude de notre langue, nous pensons que la morale, qui constitue, comme première base, un enseignement fondamental, doit pouvoir être soumise au contrôle incessant de la famille. Nous voulons que les parents et les grands parents reconnaissent dans la morale enseignée à l'école non seulement le fond, mais la forme de leur morale traditionnelle. L'enfant de son côté, s'il ne doit par hasard jamais faire d'autres études que celle du Quốc-ngữ, n'emportera rien de l'école qui puisse, je ne dis pas choquer, mais même surprendre sa famille.

Une belle sentence, une belle citation appuyée du nom des sages vénérés et de ces mots : «Il est dit dans tel livre» convient à la mentalité d'un petit annamite.

Une fable, un récit adroitement présenté, d'où l'enfant doit dégager une leçon morale, satisfait davantage l'esprit du petit écolier français. Habitué dès l'enfance à demander le pourquoi de toutes choses, on lui laisse découvrir par là même, en guidant son raisonnement, pourquoi telle règle, à laquelle il doit se soumettre, est bonne et nécessaire. Futur citoyen d'un pays qui s'est toujours fait dans le monde le champion de la civilisation, du droit et de la justice, l'écolier français s'accoutume depuis son jeune âge à l'obéissance raisonnée et librement consentie aux lois.

L'écolier annamite au contraire n'a jamais été habitué dans sa famille à raisonner le pourquoi des ordres qu'on lui donne ; destiné à vivre dans la tradition et dans les rites et coutumes de ses ancêtres, tout en se laissant guider par le gouvernement de la France, notre protectrice, l'écolier annamite se soumettra tout naturellement à la forme dogmatique de la morale de ses ancêtres. Notre morale ne gagnerait rien à être libellée à la française.

Plus tard, quand les enfants poursuivront leurs études à la française, parfois même sur les mêmes bancs que les jeunes français, ils étudieront dans des livres français la morale française et ils reconnaîtront avec plaisir, sous une autre forme, la plupart des maximes traditionnelles que nous leur présentons dans ce petit ouvrage.

C'est pourquoi, en attendant d'être assez grands et assez instruits pour apprendre en français la morale française, vous autres enfants n'avez rien de mieux à faire que de continuer à vivre dans votre famille comme vos pères ont vécu.

Nous prenons donc l'enfant au moment où il commence à comprendre et à aller à l'école, pour le conduire jusqu'au terme de sa vie scolaire et jusqu'au jour où il sera digne lui-même de fonder une famille à son tour.

Donc, ce livre de morale ne doit pas être considéré comme une autre matière scolaire réservée aux plus intelligents en vue d'un succès à un examen quelconque. Un enfant n'aurait-il rien appris à l'école qu'à lire et à écrire et à lire uniquement son livre de morale, qu'il serait un citoyen honorable et honoré.

Le philosophe Tử-hạ a dit : « Un homme qui remplit bien ses devoirs moraux, lors même qu'il ne saurait ni lire ni écrire, je le considérerais comme un grand lettré. »

Confucius a dit aussi : « Faites tous vos devoirs, et s'il vous reste encore du temps, vous pouvez le consacrer à l'étude. »

Mais les hommes qui, sans instruction, n'en conçoivent pas moins toutes les beautés de la morale, sont rares ; et souvent il est plus difficile de connaître quel est son devoir que de le remplir.

C'est pourquoi ce livre vous aidera à connaître vos devoirs. Ce livre peut aussi bien s'appeler, pour les pères: « le livre de nos enfants » — que pour les enfants : « la sagesse de nos pères.»

Cette édition française est la traduction de notre édition en quốc-ngữ.

RECUEIL DE MORALE ANNAMITE

Quand un enfant entre pour la première fois à l'école, où sa maman ou son papa vient le présenter au maître, il est curieux de savoir la première chose que le maître doit lui apprendre, et il a évidemment promis à ses parents de bien travailler. Or, savez-vous, mes enfants, la première chose que vous devez savoir et même la seule chose que vous devez savoir, même si vous ne deviez après quelques semaines jamais plus retourner à l'école, c'est que tous les devoirs de l'école se résument à bien savoir ceci: quand ils arrivent à l'âge d'entrer à l'école, à sept ou huit ans, les enfants doivent déjà tellement à leurs parents, que toute leur vie ne leur suffira pas pour s'acquitter. Et s'ils savent cela une bonne fois, s'il s'attachent à remplir leur devoir filial, qu'ils soient un jour savants ou ignorants, ils seront tous au même point, où vous êtes aujourd'hui : les débiteurs reconnaissants de leurs père et mère.

C'est par là que nous commencerons, pour savoir quels sont les bienfaits des parents.

I. — BIENFAITS DES PARENTS.

1. — Il n'y a personne au monde qui ne sache aimer ses parents. Dans le livre de Manh-tử il est dit : « *Tout enfant, dès l'âge le plus tendre, a de l'affection pour ses parents.* » Mais cette affection chez l'enfant est innée et n'est nullement basée sur la réflexion ni sur la reconnaissance des bienfaits reçus, c'est pourquoi elle paraît froide, superficielle. Ce n'est que peu-à-peu, à mesure que l'on grandit en âge et en sagesse que l'on commence à apprécier les bienfaits de ses parents et à reconnaître qu'ils sont immenses « comme le ciel et la terre ».

A l'âge de sept à huit ans, lorsqu'on commence à comprendre et à fréquenter l'école, un écolier voit toutes les peines que se donne la mère pour mettre au monde un petit frère et pour l'élever depuis qu'il est encore tout rouge jusqu'au moment où il commence à balbutier quelques mots, à sourire, à vous paraître si gentil que vous voudriez le porter toujours sur vos genoux.

Et cependant, y-a-t-il sur la terre quelque chose de plus faible et de plus fragile qu'un petit enfant ? Représentez-vous ce qu'il deviendrait s'il était abandonné à lui-même : il est, dans ces premiers temps, plus faible qu'aucun des animaux. Il ne peut ni se soutenir, ni se mouvoir, ni se nourrir, ni se défendre. Il ne sait que pleurer. Comment pourrait-il subsister s'il était seul? En quelques heures il serait mort de froid et de faim.

Mais dès sa naissance, il est entouré des plus tendres soins. La mère veille sur lui nuit et jour, elle lui donne son lait, elle l'enveloppe de vêtements chauds, elle le couche dans un bon petit berceau, elle le lave, elle l'habitue peu-à-peu à l'air du dehors, tout en le préservant du froid, de l'humidité, du vent, du soleil. La nuit, quoiqu'elle soit bien fatiguée, elle se lève au moindre bruit, au moindre cri pour le calmer, pour le bercer, s'il s'éveille, pour le soigner, s'il est malade ; elle devine s'il a faim, s'il a soif ; elle soulage toutes ses petites souffrances.

Aussi, comme il grandit vite. Un vieil adage dit : « Qu'un enfant grandit comme une courge, comme une citrouille » (à vue d'œil). Comme il commence à sourire et un peu de patience, il marchera, il parlera. Voici les premières dents qui percent les gencives. Mais à chaque progrès accompli correspond une certaine indisposition qui cause des soucis et de la peine à la mère.

Mais même quand il va savoir marcher, parler, manger seul, à quels dangers sa vie serait encore exposée, si l'on ne veillait constamment sur lui ! Il ne saura pas de longtemps se gouverner ; il ne sait pas distinguer ce qui lui est bon, ce qui lui est nuisible. Il a donc encore besoin de bien des soins qui ne lui sont pas moins nécessaires que dans les premiers mois de son existence. Et qui lui apprendra, dès qu'il sera un peu plus grand, à être sage, à distinguer le bien et le mal ? Qui le guidera pendant toute son enfance et jusqu'à ce qu'il devienne un homme ? Son père et sa mère n'est-ce pas ?

Telle est l'histoire du petit enfant ou plutôt telle est l'histoire de tout homme d'ici-bas, de chacun de nous ; nous devons tout à nos parents : la vie, la santé, l'éducation.

2. — Votre mère n'est pas seule à vous aimer, à vous protéger, à pourvoir à vos besoins. Mais elle ne s'occupe que de l'intérieur de la famille, tandis que votre père, au dehors, est debout dès la pointe du jour : il se rend aux champs s'il est cultivateur, à l'atelier s'il est ouvrier, à son magasin s'il est commerçant, à son bureau s'il est fonctionnaire de l'administration. Peut-être est-il puisatier, il descend dans les entrailles de la terre ; peut-être est-il pêcheur, il va sur les fleuves, sur la mer. Quel que soit son métier, votre père l'exerce avec zèle. Il ne recule ni devant les fatigues ni devant les dangers : sa vie

tout entière est consacrée au travail, par amour pour sa femme et ses enfants.

Souvent la sueur ruisselle de son corps, souvent sa tête est bien lasse et aurait besoin de repos. Mais il n'y songe pas et il va jusqu'au bout de sa tâche, sans faiblir, pour attendre la fin du jour, de la semaine ou du mois afin de rapporter le prix de sa peine pour nourrir toute la famille.

Aussi, c'est grâce à votre père que vous êtes bien nourris, bien habillés et que vous pouvez vous instruire pour devenir des hommes dignes de la société ; vous devez donc être laborieux et faire tout votre possible pour contenter votre maître afin de faire plaisir à votre père et le dédommager de ses peines. Pour toute reconnaissance envers votre père qui vous aime, qui peine pour vous, qui fait tant de sacrifices pour votre instruction et votre éducation, il ne vous demande que bien de peu de chose : que vous l'aimiez de même ; que vous suiviez son exemple, c'est-à-dire que vous travailliez comme lui; car l'homme n'est né que pour travailler. Habituez-vous donc, dès votre jeune âge, à bien travailler, à aimer et à respecter vos parents, dans toute la mesure possible. Un de vos premiers devoirs, pour le moment, est d'être studieux. Et quand vous serez grands, il ne faudra, à aucun moment, oublier leurs bienfaits. Rappelez-vous toujours que quoi que vous fassiez vous n'arriverez jamais à leur payer la centième partie de ce que vous leur devez.

On lit dans le livre des vers :

« Notre père nous a procréé, notre mère
« nous a élevé,
« Que de peine ils se sont donnés pour cela !
« Que ferons-nous pour nous acquitter de
« cette dette aussi grande que l'immensité des
« cieux ? »

II.— DEVOIRS DES ENFANTS.

1.—Le premier devoir d'un enfant est d'être reconnaissant envers ses parents. Cette reconnaissance doit se prouver par des actes et non par des paroles. Tout d'abord sachez que tout votre corps, vous le devez à vos parents, et que vous devez en prendre soin d'une façon minutieuse et ne pouvez y porter ou y laisser porter aucune atteinte sans être en faute vis-à-vis de vos parents. Quand vous êtes encore jeunes, vous ne devez pas jouer étourdiment et vous laisser tomber ou heurter contre des obstacles, car vous pourriez être entraînés dans un puits ou dans un cours d'eau, ou bien vous casser un bras, une jambe ou encore vous fracasser la tête ; vous ne devez pas non plus toucher ni à un couteau, ni à un fusil, ni à une lampe, ni au feu qui pourraient vous blesser. Dès que vous êtes en âge de raison, vous devez vous conduire dans la vie selon la justice et la droiture, de façon à ne jamais vous attirer les rigueurs de la loi, qui vous affligent et vous dégradent ; vous ne devez jamais rien faire pour mériter la haine et l'aversion des hommes, qui vous rendraient malheureux et deshonoreraient vos parents. Dans le livre de la piété filiale il est bien dit : « Tout votre corps, même vos cheveux, vous les avez reçus de vos parents, il faut les conserver intacts, c'est le premier acte de la piété filiale. » Dans le livre des rites on lit également : « Vous devez vous conserver jusqu'à votre mort tels que vos parents vous ont faits. »

C'est dans cet ordre d'idées que l'illustre Quản-Trọng a dit : « Un bon fils doit éviter tous les dangers possibles dans ses voyages, de crainte que quelque accident n'arrive à ce qu'il a reçu de ses parents ; il ne dit jamais de mal des autres, et il fuit la honte et l'opprobre. »

Dans tous ses actes, un fils doit observer strictement l'amour et le respect de ses parents; pour les petites choses comme pour les choses les plus importantes, il ne doit jamais s'écarter de cette voie. Dans aucun cas, le respect ne doit être négligé. Un fils respectueux doit toujours contenter ses parents et saisir toutes les occasions de leur être agréable : « En hiver, il doit faire en sorte qu'ils n'aient pas froid ; en été qu'ils n'aient pas chaud. Le soir, il doit veiller à ce qu'ils puissent se coucher confortablement ; le matin, il doit s'assurer qu'ils ont bien dormi et qu'ils se portent bien. » Ce sont là les devoirs élémentaires d'un fils indiqués dans le livre des rites.

Il faut aider ses parents dans leur travail ; il faut obéir à tous leurs ordres. En toutes choses, il faut toujours se montrer empressé, aimable et gai. A une question sur la piété posée par son disciple Tử-ha, Confucius répond : « C'est la mine qu'il est difficile d'observer. » Puis il ajoute : « Si vos parents ont du travail vous les y aidez ; si vous avez de bonnes choses à manger, vous les leur servez, tout cela peut-il être appelé piété filiale ? »

Dans le livre de Mencius il est dit : « Si vos parents vous aiment, vous vous en réjouissez, sans toutefois oublier vos devoirs de fils ; mais si par malheur ils ne vous aiment pas, vous ne devez pas vous en plaindre, quoiqu'il vous arrive ».

Son disciple Mạnh-ý-tử ayant interrogé Confucius sur la piété filiale, il lui répondit : « Ne faites rien qui soit contraire à la raison (même pour plaire à vos parents.) »

Avoir toujours une mine gaie et aimable, être toujours respectueux, ne rien faire qui soit contraire à la raison, voilà ce qui résume tous les principes de la piété filiale.

Mais, il y a encore bien des détails sur l'accomplissement des devoirs de piété filiale. Un bon fils doit, dès son jeune âge, s'habituer à tous ces détails. Par exemple : « il ne doit sortir qu'avec l'autorisation de ses parents, et il doit les prévenir de sa rentrée. Quand il va se promener, il doit indiquer le lieu de sa promenade ; il doit s'appliquer sérieusement à tout ce qu'il étudie . » Voilà ce que lui apprend le livre des rites.

« Autrefois, à l'âge de 8 ans, tous les enfants, ceux des plus hauts dignitaires, comme ceux des gens du peuple, entraient à l'école dite Tiểu-học (petite étude), où des maîtres leur apprenaient tout d'abord à arroser et balayer l'école, les règles de politesse, et ensuite les rites, la musique, le tir à l'arc, la conduite des voitures et des chevaux, l'écriture et le calcul.

A l'âge de 15 ans, les princes, les fils de mandarins et les plus intelligents parmi les enfants du peuple allaient à l'école dite Đại-học ou grande étude pour apprendre à découvrir la vérité en toutes choses, à avoir le cœur droit, à se perfectionner et à gouverner les hommes c.-à-d. la philosophie et la morale. »

Ainsi à mesure que l'on avance en âge, les devoirs filiaux deviennent de plus en plus difficiles. Cependant, à notre époque, bien des gens ne conçoivent pas les études comme ceux d'autrefois, qui n'étudiaient les sages que pour s'assimiler leur philosophie, afin de devenir des hommes pieux et vertueux. La plupart de nos contemporains ne visent que les examens leur donnant accès au fonctionnarisme. Et dès qu'ils sont arrivés aux honneurs, ils s'imaginent s'être ainsi acquittés de toute leur dette envers leurs parents ; mais ils ne comprennent pas que ce n'est là que comme un ornement destiné à agrémenter leur belle conduite, et que pour être un fils parfaitement pieux il faut observer minutieusement tous les devoirs filiaux, depuis ceux de moindre importance, tels que les soins à prendre de ce qu'on a reçu de ses parents, même des cheveux, jusqu'aux efforts à faire pour devenir un homme digne de la société, afin de faire rejaillir tous les mérites sur les vertus des parents. C'est pourquoi le livre de la piété filiale nous apprend :

« Faire en sorte de devenir un homme parfait et digne de la société constitue le dernier acte qui ferme cette longue échelle des devoirs de piété filiale. »

Parvenu à l'âge de raison, non seulement on doit toujours aimer ses parents, mais encore « on doit deviner toutes leurs pensées, afin de les aider à faire le bien et à suivre le droit chemin », comme le prescrit le livre de la piété filiale. « On doit aussi présenter des remontrances à ses parents chaque fois qu'ils ont commis des fautes. »

« Les sages entendent par pratiquer la piété filiale, faire en sorte que tout le monde dise que ses parents sont heureux d'avoir un tel fils. »

Plus vous avancez en âge plus vos parents deviennent vieux. Il faut songer qu'ils ne resteront pas éternellement avec vous. C'est pourquoi vous devez songer le plus tôt possible à soigner vos parents, à leur assurer tout le confort nécessaire, sans négliger l'affection et le respect que vous devez avoir pour eux. Dans son discours Dièm-thiêt (sur le sel et le fer) le célèbre Quân-tử a dit : « Il vaut mieux avoir moins de soins et plus de respect pour ses parents. »

On voit par là que vous aurez beau prodiguer à vos parents richesses et honneurs, si vous leur manquez de respect, vous ne serez jamais qu'un mauvais fils; tandis que celui-là est un fils pieux qui n'offre que la frugalité à ses parents, mais avec tout le respect qui leur est dû.

Il faut donc toujours aimer et respecter ses parents même par delà la tombe. Le livre des entretiens philosophiques de Confucius nous commande « d'aimer ce que nos parents aiment et respecter ce qu'ils respectent, et de les vénérer de leur vivant comme après leur mort.»

Le respect filial est le premier point sur lequel tous les peuples soient d'accord. Un sage français a dit aussi : « Il faut aimer vos parents pendant toute leur vie et jusque par delà la tombe.»

L'article 371 du code français prescrit aussi : « L'enfant, à tout âge, doit honneur et respect à ses père et mère. »

La religion chrétienne commande également : « Ton père et ta mère honoreras.»

Les Grecs et les Romains, qui sont les ancêtres des Français, ont fondé leurs institutions politiques et leur religion sur le culte de la famille. Ils ne rendaient hommage à d'autres dieux qu'aux ancêtres.

La Chine, qui a plus de cinq cent millions

d'habitants et qui possède une multitude de dialectes, jouit encore d'une certaine considération auprès des grandes puissances, grâce au respect constant que professent ses habitants pour le culte des ancêtres.

2. — DEVOIRS DE LA FILLE

Nous venons de parler des devoirs des enfants, qui concernent nécessairement aussi bien les garçons que les filles. Cependant les garçons ont d'autres obligations, qui peuvent les appeler loin de la famille ; tandis que le rôle des filles les confine plutôt dans l'intérieur de la famille. Aussi, la manière d'accomplir les devoirs filiaux diffère-t-elle sur bien des points entre les deux sexes. Nos filles annamites surtout reçoivent, dès leur plus jeune âge, l'éducation de leur mère. Elles s'appliquent à acquérir les quatre qualités principales qui sont : la vertu, le langage, la grâce et l'aptitude. « Pour une fille, la vertu n'est pas un talent supérieur, le langage n'est pas l'éloquence, la grâce n'est pas la beauté, et l'aptitude n'est pas une habileté professionnelle. Mais la vertu pour elle, c'est la gravité, l'innocence, la placidité, la dignité, la pudeur et la correction ;

le langage, c'est le choix des paroles, le mépris de la médisance, le parler à propos, l'agréable de la conversation ; la grâce, c'est la propreté du corps et des vêtements ; l'aptitude, c'est le goût pour les ouvrages manuels, les soins ménagers, l'aversion pour les amusements et la légèreté. »
On lit ailleurs : « Une fille doit se conduire comme si elle avait entre les mains une tasse en pierre précieuse, un plateau en or, auxquels il faut faire constamment attention. »

Dans le livre de l'éducation des filles il est dit : « Une fille doit, avant toutes choses, s'appliquer à se tracer une ligne de conduite, et, pour cela, le meilleur moyen est d'être chaste et pure ; la pureté la met hors d'atteinte des souillures, et la chasteté l'honore. »

Mais, « de toutes les qualités, la piété filiale est encore la première. » Or, d'après les anciens rites, une fille à 15 ans prend son épingle de puberté, et, à 20 ans, est bonne à marier. Mais une fois mariée, elle assure d'autres charges du côté de son mari, de telle sorte que le temps qu'elle a à consacrer à ses propres parents est relativement bien court. Aussi, dès son jeune âge, doit-elle saisir toutes les occasions pour témoigner sa reconnaissance à ses père et mère. Son rôle est d'être toujours près de sa mère, c'est à elle qu'incombent tous les soins à prendre de ses parents, c'est à elle à se montrer docile et affable, afin d'aider sa mère et contenter son père. Elle doit éviter de commettre des fautes qui peuvent les attrister l'un et l'autre.

Dans le livre des vers il est dit : « Ne rien faire qui puisse chagriner vos père et mère.» C'est à ce titre seulement qu'une jeune fille peut acquérir la bonne réputation d'être reconnaissante envers ses parents.

III.— DEVOIRS ENVERS LES GRANDS PARENTS.

« L'arbre a son tronc, la rivière sa source. Si le tronc est coupé, l'arbre meurt; si la source est comblée, la rivière tarit ». Or dans le livre des rites il est dit : « Le ciel est l'origine de toutes choses, les ancêtres sont la souche de l'homme. » Les grands parents sont donc le tronc et la souche des petits enfants. Si ceux-ci ne les respectent pas, comment pourront-ils être heureux ? Vous devez aimer vos grands parents, parce que vous devez aimer tout ce que vos parents aiment. Pour bien accomplir vos devoirs filiaux, vous devez donc aimer et respecter vos grands parents. Naturellement comme ils sont âgés et faibles, et quelquefois infirmes, vous devez leur prodiguer le plus de soins que vous pourrez. Si vous profitez de leur faiblesse, de leur grand âge, qui ne leur permet plus de bien voir et d'avoir la mémoire fidèle, pour négliger vos devoirs envers eux, vous serez considérés comme des gens oublieux de leur tronc, de leur souche, et comme tels, vous serez punis par le ciel, qui vous privera de tout bonheur.

C'est en vous montrant affectueux et dévoués pour vos grands parents que vous payez ce que vous devez de reconnaissance à vos parents. Tout ce que vous ferez pour contenter vos grands-parents fera plaisir à votre père et à votre mère, et ils n'auraient pas de plus grand chagrin que si leurs père et mère pouvaient leur reprocher l'indifférence des petits enfants.

D'ailleurs il est si facile aux enfants d'aimer leur grand-père et leur grand'mère. Ce sont un père et une mère toujours plus indulgents, et comme ils sont près de finir leur existence, ils n'ont pas de plus grande joie que de rendre heureux des petits enfants, qui doivent perpétuer la famille et le culte des ancêtres. La meilleure manière de leur plaire est de leur montrer que les bonnes leçons qu'ils ont données à vos parents, vous les pratiquez aussi.

Le respect dû aux grands-parents doit aussi vous conduire à respecter toutes les personnes âgées et à écouter leurs conseils. Comme il est dit d'ailleurs dans le livre de Mencius : « Le respect dû aux étrangers âgés est né du respect dû aux vieillards de la famille.

IV.— DEVOIRS
ENVERS LES AUTRES PARENTS.

Si vous avez un père et une mère, vous devez naturellement avoir des oncles, des tantes, des parents de divers degrés. Par rapport à vous, ces parents sont plus ou moins proches, mais à bien réfléchir, ce sont des frères, des sœurs ou des cousins ou cousines de votre père ou de votre mère, c'est-à-dire des personnes qu'ils aiment tendrement. Vous devez donc aussi bien aimer ces personnes. Dans le livre des rites il est dit : « Le sage doit vivre dans une parfaite union avec toute sa parenté. » Si vous n'aimez pas vos parents, qui pourrez-vous aimer? Dans les livres canoniques il est dit: « C'est en aimant les membres des neuf degrés de la parenté qu'un prince arrive à maintenir la concorde dans la famille, qui lui assure la paix avec tous les royaumes voisins. » On voit ainsi qu'en toutes choses, depuis les plus petites jusqu'aux plus grandes, telles que l'administration d'un état et le gouvernement d'un peuple, l'amour de la parenté est un des principes fondamentaux.

Dans le livre Đại-học-diễn-nghĩa (La grande étude raisonnée) il est dit : « Le sang ancestral se transmet aux descendants par procréations successives et de génération en génération, aussi les parents d'une même souche sont-ils tous du même sang. Cependant, comme les enfants et leurs père et mère sont les plus proches, ils s'aiment le plus tendrement. Déjà les petits fils se trouvent un peu plus éloignés, à plus forte raison les autres parents, qui sont de degrés de plus en plus éloignés. Mais quiconque est capable d'aimer d'autant plus ses parents qu'ils sont moins proches, de pouvoir conserver un culte inébranlable pour ses ancêtres, celui là seul est un sage, qui comprend parfaitement ses devoirs envers ses ancêtres, et se montre capable de pareils sentiments. »

Dans le livre Quốc-ngữ il est dit : « Celui qui aime bien ses père et mère aime aussi ses frères et sœurs ; de même celui qui aime bien ses grands parents aime aussi ses autres parents. Car, ce sont des branches d'un même arbre, liées entre elles comme les membres avec la tête et le tronc. »

Si vous voulez qu'il y ait accord parfait entre tous les membres de la parenté, il faut vous graver dans la mémoire les préceptes suivants, tirés du livre Ngôn-hành-vị-toàn (recueil de préceptes de langage et de conduite) : « Les principes fondamentaux de l'accord parfait entre les parents sont : Traiter avec distinction les personnes distinguées, traiter avec les égards dûs à la vieillesse les personnes âgées ; traiter avec sagesse les personnes sages. Cela signifie : s'il y a dans la parenté des personnes qui occupent une situation sociale considérable, il faut que vous les respectiez et leur obéissiez, sans jamais les contrarier ; s'il y a des personnes âgées, quelque modeste que soit leur situation, il faut que vous les protégiez et les respectiez, à cause de leur grand âge ; s'il y a des personnes qui possèdent des talents et des vertus et qui servent de pilier à la famille, il faut que vous cherchiez à les fréquenter, à vous attacher à elles, à mettre votre confiance et votre espoir en elles, et à les imiter en toutes choses, et cela quels que soient leur âge et leur situation. »

Ce sont là des principes que vous devez garder gravés dans votre cœur, afin de bien vous comporter vis-à-vis de vos parents, à qui vous devez de l'affection et de la considération.

Un proverbe assez égoïste dit : « Les parents, quoique éloignés, valent toujours mieux que des voisins. » Il vaudrait mieux dire : Nos voisins, et de degré en degré, tous nos compatriotes doivent être par nous considérés comme des parents éloignés. Les pères et grands-pères de nos voisins n'ont-ils pas été les amis et les comtemporains de nos pères et nos grands pères, et après plusieurs générations, qui peut sa vanter de connaître toutes les sources de sa famille ?

C'est pourquoi les habitants d'une même patrie se considèrent peu-à-peu comme des frères. Nous autres annamites serions honteux d'être mal renommés, et la belle conduite de certains d'entre nous envers la France honore tous nos ancêtres et nous-mêmes, comme tous les nobles faits de la France nous rendent heureux d'être considérés comme des parents en quelque sorte des français. C'est pourquoi nous pouvons dire que la France trouve sa récompense à être fière de notre loyalisme, et que nous nous trouvons fiers d'entrer peu-à-peu dans la famille française.

Et vous serez de plus en plus convaincus, par la fusion des deux morales annamite et française, qu'elles se résument, dans un ordre différent, à la pratique des mêmes vertus. C'est donc en vous reportant aux sources mêmes de cette morale, que tout en respectant les usages de vos ancêtres, vous serez infiniment plus rapprochés des français qu'en adoptant, par exemple, leurs usages extérieurs et leur costume. C'est la pratique d'une même morale qui fait les peuples frères.

C'est en pensant au tronc et à la souche que nous avons appris à aimer et à respecter les autres parents. Mais c'est aussi en apprenant à aimer les autres membres de notre parenté que nous avons appris à aimer les étrangers.

En dehors de nos parents de tous ordres, et parmi les étrangers, nous devons avoir le plus d'égards envers nos domestiques.

V. — DEVOIRS ENVERS LES DOMESTIQUES

Dans la famille nous avons nos père et mère, nos frères et nos parents pour nous guider et nous aider quant aux affaires importantes;

mais pour les questions de moindre importance, nos domestiques nous sont d'un concours utile. Quoique d'une situation sociale inférieure, ils n'en sont pas moins nos précieux auxiliaires. Aussi, devons-nous les traiter de façon raisonnable, afin qu'il y ait satisfaction et pour le maître et pour les serviteurs. N'oublions pas que ce sont des gens de basse condition, envers qui nous devons nous conduire avec dignité, justice et équité. Dans le Livre des Changements il est dit : « Il faut avoir des domestiques francs et honnêtes pour n'avoir pas à se reprocher d'être cause soi-même de ses ennuis. » Mais il ne dépend que de vous d'avoir des domestiques francs et honnêtes. Car un adage dit : « Tel maître, tel valet. » C'est pourquoi il est du devoir du maître d'être munitieusement équitable en tout et pour tout ; même pour la question d'habillement et de nourriture, il faut éviter tout sujet de reproche, afin que les domestiques reconnaissent vos bienfaits. S'il leur arrive de commettre quelques fautes légères, il ne faut pas oublier qu'ils sont ignorants pour les leur pardonner. Excepté les récidivistes par entêtement, qu'il faut chasser immédiatement de chez vous, sans toutefois vous mettre trop en colère après eux.

Dans le livre de Sữ-tân-thân il est dit : « Pour les domestiques, il vaut mieux employer des gens simples que des gens débrouillards. Les gens simples et âgés sont souvent maladroits et mous, mais ils ne vous attirent pas de désagréments. »

C'est dans vos rapports avec vos domestiques que vous apprendrez à commander en même temps que vous apprendrez à obéir. D'après votre manière de commander, on jugera de votre éducation et de celle de vos parents, et n'oubliez jamais que, si vous avez plus tard des inférieurs comme le sont aujourd'hui vos domestiques, la première condition pour mériter et obtenir leur respect est de toujours vous respecter vous mêmes devant eux. Le grand Confucius a dit : « Le sage qui ne sait pas être grave et réservé n'en impose pas et n'obtient pas grand succès dans ses études. Il doit toujours observer la sincérité et la fidélité. »

Sans sortir de votre famille vous avez appris à respecter et à aimer vos parents, vos grands parents et la parenté ; vous avez appris à respecter la dignité de vos inférieurs et à vous faire respecter d'eux,

Plus tard quand vous fonderez une famille, vous aurez besoin d'appliquer les devoirs d'époux, et pour cela vous n'aurez qu'à imiter et à vous rappeler l'exemple que vos grands parents ont donné à votre père et à votre mère, et ceux-ci à vous mêmes.

VI. — DES ÉPOUX

Le mariage vous crée de nouveaux devoirs. « Pour le sage, le mariage est la base de toute la morale sociale » (Entretiens philosophiques de Confucius). En effet « les relations entre père et fils découlent de celles des époux ; celles des frères de celles entre père et fils ; celles des amis, de celles des frères ; celles entre roi et sujets, de celles des amis. » Si les devoirs envers le père et le roi constituent la première des cinq vertus cardinales, les devoirs entre époux sont la base de ces vertus.

Ainsi donc le mariage est bien la base de la société humaine. C'est pourquoi dans le livre des Changements il est dit: « Les relations entre époux doivent être d'une pureté parfaite ». C'est en se basant sur ce principe que les sages ont fixé les six cérémonies du mariage dans le livre des rites, afin de lui donner toute l'importance et tout le caractère de solennité voulus. Dans le livre Lữ-tố-toàn-thơ il est dit : « Depuis que le monde existe, le mariage est toujours considéré par les hommes comme la chose la plus sacrée. Et puisque le mariage est la base de la morale sociale, si on ne fixe pas les règles qui le régissent, il perdra toute son importance.

1. — *Devoir de l'époux.* — Le livre Tà-truyện dit : « C'est en accomplissant consciencieusement leurs devoirs respectifs que les époux assurent la paix du ménage. Le mari doit être juste, condescendant et galant ; la femme, douce, soumise, vertueuse et digne. »

Le mari doit tenir compte de « l'étroitesse de cœur » de la femme et chercher à donner de bons exemples dans son ménage. Il ne faut pas croire qu'entre époux on peut être sans gêne et négliger les devoirs de la politesse. Dans le livre des rites, il est dit que « les époux se doivent le même respect qu'entre hôtes ». Autrefois avant le mariage de son fils, le père devait lui faire cette recommandation: « Tâchez d'être toujours respectueux ». Le respect réciproque est la clef de voûte du mariage. Votre femme peut avoir des idées qui ne vous conviennent pas, ou commettre des choses qui vous contrarient, vous devez chercher à l'en dissuader par la douceur; mais il ne faut pas trop vous en plaindre, au point de la décourager. La concorde assure la tranquillité d'esprit au mari, la joie à la femme, et le bonheur à tous les deux.

C'est en se consultant, en se conseillant et en s'écoutant que les époux peuvent faire prospérer leurs affaires, donner la joie et la tranquillité à leurs enfants, et resserrer de plus en plus les liens qui les unissent.

2. — *Devoirs de la femme.* — Une fois mariée, la femme doit, tout d'abord, se rappeler tous les devoirs qu'elle devait remplir envers ses parents lorsqu'elle était encore jeune fille, car elle doit avoir les mêmes devoirs envers ses beaux parents. Dans le livre des rites on lit : « Chez elle, la fille doit être pleine de piété filiale pour ses parents ; mariée elle doit se conduire de même envers ses beaux parents et respecter son époux. » Autrefois avant le mariage la mère recommandait à la fille: « Sois respectueuse et attentive. »

Dans l'intérieur de la famille, la femme doit remplacer le mari auprès des parents ; elle est la maîtresse de la maison, dont elle a la surveillance et la direction en dedans comme au dehors. Le lettré Lãng-xuyên de la dynastie des Minh a dit : « Une bru pieuse vaut mieux qu'un fils ». Un adage annamite dit également : « Une bru vertueuse est une propre fille, un gendre vertueux, un propre fils ».

Une femme, qui possède déjà les quatre qualités principales (Tứ-đức), a encore à observer « le tam-tùng (trois résignations), qui consiste, dans sa famille, à être soumise à la voulonté paternelle ; en ménage, à la puissance maritale ; une fois veuve, à suivre ses enfants ».

VII. — DEVOIRS DU PÈRE.

De tous les devoirs, ceux du père sont les plus difficiles, parce que le père a tous les droits sur la famille, et que dans les livres il est dit : « Pour que le pays soit en paix, il faut que chaque famille soit bien gouvernée, et pour que le peuple soit heureux et tranquille, il faut que le pays soit en paix. La paix du pays dépend donc du bonheur de la famille, et le bonheur de la famille dépend de la sagesse du père. Le devoir de celui-ci envers ses enfants, qui est d'avoir une grande bonté, a les conséquences les plus importantes. C'est pourquoi lorsque les enfants sont encore jeunes, il faut que le père les élève avec tous les sentiments de bonté et d'humanité, de manière qu'ils puissent se conserver et se développer sans encombre ; dès qu'ils ont atteint l'âge de raison, il doit se conduire dignement et ne parler qu'avec justesse et droiture, afin de les diriger dans la voie du bien ». De plus il doit les instruire et les éduquer pour être vraiment un bon père qui aime ses enfants encore inexpérimentés. L'éducation des enfants pour les pères est chose excessivement difficile: S'il est trop indulgent, il risquera de perdre son prestige, et s'il est trop sévère, il manquera aux sentiments de bonté et d'humanité. Aussi est-il dit dans le livre de la piété filiale : « La mère doit être douce et bonne, le roi grave et sévère, et le père doit réunir les obligations des deux. »

D'autre part, les enfants d'une même famille ne sont pas également doués, les uns le sont bien, les autres mal. Le père doit en tenir compte et chercher à concilier les choses, afin de ne pas troubler l'harmonie qui doit exister dans les rapports entre père et fils. Dans l'histoire des Tam-quâc (des trois royaumes) il est dit : « Il faut avoir pitié des déshérités et chérir ceux qui sont intelligents, voilà le devoir d'un bon père ». Un père ne doit pas seulement être aux petits soins pour ses enfants, mais il doit encore « leur donner le bon exemple et leur prêcher constamment la piété filiale, la condescendance fraternelle, la justice, la fidélité, le savoir-vivre, la reconnaissance, l'honnêteté et la dignité. Dès l'âge de 9 à dix ans, il doit les envoyer à l'école pour leur faire apprendre les livres sacrés de l'antiquité ». Dans le livre de Côc-lương il est dit : « À l'âge voulu, si les enfants ne sont pas à l'école, la faute en est au père ».

En résumé, un père doit se pénétrer de ce principe : « Qu'il est le ciel pour ses enfants ». C'est lui qui les a procréés, il leur doit aide et protection. Et « s'il ne fait pas son devoir de père, comment pourrait-il espérer avoir des enfants pieux et dociles ? » Au reste, il n'y a point de père qui ne désire que ses enfants soient pleins de piété filiale pour lui. Mais pour celà il n'a qu'à être d'abord lui-même un fils pieux.

VIII. — DEVOIRS DE LA MÈRE

D'après les livres « le père est le ciel, la mère est la terre ». La mère a les mêmes devoirs que le père. Mais comme la mère dirige en dedans et le père, au dehors, leurs responsabilités sont d'ordre différent. Les enfants, dans l'âge le plus tendre, sont tous auprès de leur mère qui les nourrit de son lait ou du riz mâché par elle-même ; c'est aussi elle qui les porte dans ses bras, qui leur prodigue les soins les plus affectueux, jusqu'au moment où ils commencent à parler, à courir, à jouer. Là, ils ne la quittent pas encore et continuent à rester à ses côtés pour se faire dorloter, se faire gâter. À ce propos le livre de Tà-Truyện dit : « Si l'enfant, après sa naissance, ne peut éviter de se brûler ou se noyer, la faute en est à sa mère ». Aussi l'enfant est plus souvent près de sa mère que de son père. La mère doit donc s'occuper de l'éducation de son enfant dans ses premières années, à la place du père qui est toujours appelé au dehors par ses occupations. Or un vieil adage dit : « Le bambou ne peut être courbé que pendant qu'il est encore jeune et tendre, mais une fois vieux et dur, il est inflexible ». Si l'enfant, qui passe toute sa jeunesse auprès de sa mère, est trop gâté et ne reçoit point d'éducation, à qui en est la faute? C'est pourquoi « les mères de l'antiquité pratiquaient l'éducation embryonnaire, qui consistait à obliger la femme enceinte à ne se tenir debout que le corps bien droit, à ne jamais s'asseoir penchée sur le côté, à ne jamais regarder des choses hideuses ou horribles, à ne jamais écouter des paroles obscènes, à ne jamais prononcer des paroles malveillantes. Tout cela de peur de mettre au monde un enfant qui ne soit pas doux et bon ». Ce sont des précautions dictées par une âme naïve de mère.

À ce propos le célèbre Ôn-công a dit dans les conseils à sa famille : « Une mère n'a pas à craindre de n'être pas assez douce et assez bonne, mais bien de ne savoir qu'aimer et pas assez éduquer ». Dans le livre des conseils aux filles il est dit : « Chez une mère il faut préférer la qualité éducatrice à la douceur et à la bonté. C'est à la faiblesse de la mère qu'est dû le caractère réfractaire à l'éducation de l'enfant.

Nous voyons, par là, qu'il n'y a pas de mère qui ne sache aimer ses enfants, mais la plupart ne savent les éduquer. C'est là la source de tant de désespoirs des familles. Un vieil adage dit : « Aimer ses enfants c'est leur distribuer souvent la bastonnade, et c'est les détester que de les combler de douceurs ».

Tels seraient tous vos devoirs si vous étiez fils ou filles uniques. Mais vous avez des frères et des sœurs, avec qui vous vivez dans une égalité parfaite, et envers qui vous avez des devoirs qui vous prépareront à vivre plus tard avec des camarades à l'école, et, plus tard encore, avec des étrangers.

IX. — DEVOIRS DES FRÈRES ET DES SŒURS

Nous avons appris que tous ceux que nos père et mère aiment nous devons aimer. Or, les parents n'aiment personne autant que leurs enfants. Ils vous aiment comme ils aiment vos frères et sœurs. Après nos parents il n'y a donc personne qui nous soit plus cher que nos frères et nos sœurs. Dans le livre des vers il est dit : « Rien de plus cher au monde que les frères et les sœurs ». Dans le livre Kinh-tê-văn-hoành il est aussi dit : « La fraternité est un très grand principe moral de l'humanité. Celui là seul qui aime ses frères comme ses parents les aiment tous, peut se vanter d'avoir parfaitement accompli les devoirs fraternels. » Dans le livre des vers il est dit : « Si les frères ainés et les cadets se conduisent comme il faut, ils acquerront une renommée éternelle.»

Bien des personnes, arrivées à l'âge de raison, oublient trop vite les liens fraternels.

Depuis leur plus tendre enfance, les frères partagent tous les plaisirs et ne se quittent pas une minuite. Mais aussitôt qu'ils ont fondé chacun une famille, soit parcequ'ils écoutent trop leurs femmes ou leurs enfants, soit parcequ'ils se laissent tenter par la cupidité, ils se séparent. Les uns sont jaloux de voir les autres plus riches qu'eux et se plaignent d'être plus malheureux. Pourquoi ne songent-ils pas qu'en cas de malheur l'ami le plus cher ne vaut pas le frère le plus ingrat. »

D'autre part « si les frères se brouillent, leurs enfants ne s'aiment plus et se divisent en factions; puis les domestiques les imitent et deviennent hostiles les uns aux autres. Des étrangers qui guettent ces occasions ne manquent pas d'exercer leur oppression contre laquelle les frères ne peuvent plus se défendre.

Un vieil adage dit : « Vos frères vous sont ce que sont vos bras et vos jambes, tandisque vos femmes vous sont ce que sont vos vêtements ». C'est-à-dire que les frères sont de même chair, les bras ressentent toutes les douleurs faites aux jambes, tandis que les époux, quoique liés par des liens sacrés, ne sont ni de même sang ni de même chair et ne sont pas aussi sensibles l'un pour l'autre. Vous ne devez donc jamais trop écouter vos femmes pour chercher noise à vos frères. Généralement les femmes ont l'esprit étroit et se laissent tenter par les moindres profits. Comme elles sont toujours à vos côtés, elles vous captivent par leurs douces paroles et vous poussent à mal agir. Si vous n'examinez pas bien leurs dires, vous risquerez de faillir à vos devoirs les plus sacrés. Entre frères on doit s'entr'aider dans toutes les circonstances et dans toutes les situations et on ne doit se laisser séduire par le vil métal au point de sacrifier les liens du sang.

1.— *Devoirs de l'aîné*.— Le frère aîné doit se conduire avec son cadet comme un père avec son fils. Il doit l'aider dans tous les malheurs. Si vous n'aimez pas votre propre sang, qui pourrez-vous aimer ? Vous ne devez, en aucun cas, garder rancune à votre frère. Car il est dit dans les livres que « les sentiments fraternels sont tellement naturels qu'aucune dissension ne peut les détruire ». Au reste votre qualité d'aîné vous fait un devoir de donner le bon exemple, comme vous le recommande un vieil adage : « L'aîné doit couvrir tous ses cadets, comme la première grappe (du côté de la queue) d'un régime de bananes ». Si par étourderie votre frère vous manque de respect, ce n'est pas une raison pour que vous lui témoigniez de l'inimitié pour vous mettre à son niveau. Quel intérêt aurait-il cet homme qui se serait coupé la main droite pour remplacer la main gauche perdue ?

Quand vous avez des frères, vous avez aussi de nouveaux devoirs; à moins que vous ne soyez fils ou fille unique, alors vous n'avez qu'à accomplir vos devoirs envers vos parents, c'est-à-dire aimer, respecter et aider vos parents, quand vous êtes encore à l'école comme plus tard quand vous entrerez dans la vie. Tandis que si vous avez des frères, vous avez encore le devoir de vous soigner, de vous conserver fort et robuste afin de pouvoir un jour remplacer votre père. Si vous apprenez quelque chose, vous devrez l'enseigner ensuite à vos frères ; vous devez donc vous instruire non seulement pour vous, mais aussi pour instruire ensuite vos frères. Devant ceux-ci, vous ne direz que des paroles de choix, c'est-à-dire qui puissent être, sans inconvénient, entendues de jeunes enfants. Si vous amenez vos frères dans le monde, vous devez leur donner le bon exemple, afin qu'ils se conduisent conformément aux préceptes de la morale.

En un mot, le vrai devoir d'un frère aîné, c'est d'être à la fois un père, un maître et un ami.

2. — *Devoirs du cadet.* — Un frère cadet doit respecter son frère aîné comme son père, car l'aîné peut remplacer le père. D'ailleurs les frères, depuis l'âge le plus tendre, vivent toujours ensemble, partagent les plaisirs et les jeux et ne se quittent jamais. Si, dès l'âge de raison, vous n'avez pas le bonheur de connaître vos parents, vous pouvez considérer vos frères comme leurs portraits vivants et, si vous voulez vous inspirer de ces sentiments, vous pouvez vivre ensemble dans un accord parfait pendant toute une existence.

Si parfois votre frère aîné est en colère, vous, son cadet, vous devez vous montrer calme et soumis, afin d'éviter toute dispute qui pourrait profaner cette chose sacrée qu'est la fraternité. D'ailleurs, le livre des vers vous dit : « Entre frères on peut se chamailler en famille, mais on se défend toujours contre toute oppression étrangère ». Quoiqu'il arrive donc, les frères restent toujours liés par le sang. Dans le livre Tà-truyện on lit cette phrase : « Entre frères il ne peut y avoir que des chamaillements insignifiants, mais rien ne peut faire oublier les sentiments profonds de consanguinité. »

L'observation des devoirs entre frères prépare naturellement les enfants à bien se conduire à l'école et leur apprend comment ils doivent se comporter avec leurs camarades. L'école est plus encore que la famille une image en petit de la société. L'école c'est le séjour de la parfaite égalité et de la parfaite justice, à l'école rien ne distingue un élève de ses condisciples que son travail et sa vertu. Comme vous rivalisez ensemble d'efforts pour vous instruire et contenter vos parents, cela crée entre vous autres écoliers un lien d'affection mutuel. Car rien ne crée l'affection comme de travailler ensemble pour le bien. Vos petits frères sont des amis tout désignés par la nature pour vous apprendre à aimer vos semblables en dehors de vos père et mère. Vos camarades de classe, si vous savez les choisir, seront comme des frères que vous aurez choisis exprès. Entre amis, il n'y a plus de rapports obligatoires comme entre frères : si votre frère est mauvais, même alors vous ne pouvez pas le renier comme vous feriez de votre ami. Si un enfant à l'école est méchant ou vicieux, les autres ne le fréquentent pas et voilà tout, on ne peut pas les obliger à l'aimer.

Mais à l'école quand un enfant se fait aimer, c'est qu'il le mérite et c'est une bien mauvaise réputation pour un enfant que de dire de lui :

« Il n'a pas d'amis ». Quand on se fait des amis à l'école, on fait le meilleur apprentissage de la vie de société. La société est fondée d'abord sur la justice et sur cette maxime : « Ne fais pas aux autres ce que tu ne voudrais qu'on te fît ». Confucius l'a dit.

Soyez donc juste d'abord et partout et toujours, et quand vous aurez pris l'habitude d'être juste et d'échanger des services avec des étrangers, l'affection viendra peu-à-peu et vous appliquerez naturellement cette maxime qui découle de la première : « Faites aux autres ce que vous voudriez qu'on vous fît ».

C'est sur cette base que repose la morale sociale, et dans la société, nos droits n'ont de limite que les droits des autres, et à tous nos droits correspondent des devoirs. Pour qu'il y ait un créancier, il faut de l'autre côté un débiteur. Et l'échange des services et des affections qui en résultent est si continuel qu'en peu de temps il n'y aura plus ni obligés, ni bienfaiteurs, on ne sait plus au juste lequel doit à l'autre, il n'y a plus que des amis.

Et même le plus souvent, surtout lorsqu'il s'agit d'enfants qui ne sont pas poussés par l'intérêt, l'amitié les attire les uns vers les autres, comme le sentiment naturel qui pousse les hommes à vivre en société. Et c'est pourquoi vous devez réfléchir aux devoirs et droits des amis.

X.— DES AMIS

Dans le livre Độc-lễ-thông-khảo (Lecture sur la morale et la politesse) on lit ceci : « Parmi les relations sociales on trouve celles entre père et fils, celles entre prince et sujets, celles entre frères et celles entre époux. Mais les relations qui lient les amis semblent tout-à-fait secondaires. Pourquoi donc les a-t-on réunies aux quatre ordres précédents pour former ce qu'on appelle les cinq ordres de relations primordiales ? C'est que pour entretenir consciencieusement ces relations primordiales, il faut d'abord se perfectionner dans la pratique de la vertu, et que, pour arriver à faire utiliser la sagesse et les talents, il faut savoir se faire des amis. Si les devoirs de l'amitié sont bien observés, les devoirs entre prince et sujets s'accomplissent bien, l'affection entre père et fils s'affirme, l'harmonie entre frères se maintient, les devoirs respectifs des époux se dégagent nettement. Voilà pourquoi l'amitié est un fondement essentiel de la société humaine ». C'est pour cela aussi que nous-même estimons que c'est très bien de compter l'amitié parmi les relations sociales primordiales. D'autre part nous avons lu : « La sociabilité est le propre de la nature humaine », et un ami, c'est aussi une personne qui vous est très chère, comme il est dit dans le livre Tư-biện-lục (Des pensées): « Les frères sont les amis que le ciel vous réserve, les amis sont les frères que vous avez le bonheur de rencontrer dans le cours de votre vie. Les amis ne diffèrent donc pas des frères, et vos devoirs envers eux sont aussi sacrés. Dans les relations entre père et fils, entre frères, et autres, nous avons des obligations imposées par le ciel ou dictées par la raison. Mais les relations amicales sont d'autant plus difficiles que c'est nous qui nous les sommes créées sous notre entière responsabilité. Nous devons donc non seulement accomplir consciencieusement tous nos devoirs d'amitié, mais encore faire un choix judicieux de nos amis et « distinguer l'or du cuivre ». Dans « ses instructions familiales » le grand Confucius dit : « En vous liant d'amitié avec un sage, vous êtes comme transportés dans un jardin de jacinthes et d'orchidées, et, quoique vous ne répandiez pas leur parfum, après un certain laps de temps assez long, vous finirez toujours par vous en imprégner. En vous liant d'amitié avec un méchant, vous êtes comme transportés dans une fabrique de salaison de poisson, et, quoique vous ne répandiez pas de leurs mauvaises odeurs, après un certain laps de temps, vous finirez toujours par vous en imprégner. »

Ainsi dans la vie il est indispensable d'avoir des amis ; mais choisir les bons amis est chose extrêmement difficile, le livre « Des entretiens philosophiques » nous conseille : « N'ayez pas d'amis qui ne soient pas en communauté de cœur et de sentiments avec vous ». Or, pour être en communauté de cœur et de sentiments, il faut mettre au-dessus de tout la fidélité et la justice, comme vous prescrit le même livre : « Dans vos relations amicales, observez bien la fidélité et la sincérité ». Les amis ne sont pas de simples connaissances. Entre amis il faut s'aimer comme des frères et se donner mutuellement des conseils comme un maître en donne à ses élèves ; en cas de maladie ou de malheur il faut s'entr'aider ; il faut s'exhorter à faire le bien et à pratiquer la vertu ; voilà comme doivent être les vrais amis.

Dans le livre « Des entretiens philosophiques » il est dit : « Les sages se créent des amis par la poësie et les lettres, et se font aider par les amis dans la pratique de la vertu et de la justice. C'est pourquoi dans le langage fleuri, on désigne un ami par les expressions Lương-bằng (ami humain) Mật-hữu (ami cher), c'est-à-dire qu'on ne doit avoir pour amis que des gens justes et bons, et qu'on doit aimer bien sincèrement ses amis. Ce n'est que dans ces conditions que l'amitié est utile.

Puisque la parfaite amitié revient au respect commun de la morale et de la vertu, on comprend bien qu'une société serait parfaite, si elle ne comprenait que des amis qui vivent entre-eux comme des frères.

Mais la société n'est pas parfaite et tous les hommes ne sont pas liés par les liens d'amitié, l'intérêt souvent les sépare, ou la haine, la colère, les mauvaises passions, c'est pour celà que dans les sociétés civilisées il y a des lois et quelqu'un chargé de les faire respecter. Autrefois c'était le roi qui édictait les lois, aujourd'hui c'est le gouvernement. Dans la famille c'est le père et la mère qui doivent apprendre à respecter les lois, et dans l'école c'est le maître qui doit intervenir pour enseigner à ses élèves le respect des uns pour les autres, le respect des lois et l'observation des règlements de l'école.

Le maître représente le père et la mère et il a droit, en cette qualité, au respect et à l'obéissance des élèves, mais il doit aussi penser que ses élèves seront un jour des hommes, des citoyens et il doit les habituer à une obéissance consentie à la règle commune, fondée sur la justice et la morale, parceque le maître c'est l'intermédiaire entre l'état et les parents.

XI. — MAITRES ET ÉLÈVES

Dans le livre Nhơn-phổ-loại-ký (Encyclopédie sociale) il est dit : « L'homme a trois choses sacrées qu'il doit respecter également ». Ce sont le roi, le père et le maître ; le roi ou aujourd'hui le gouvernement assure au pays la tranquillité intérieure et la paix extérieure ; le père vous procrée et vous élève ; le maître vous perfectionne, vous instruit et vous éduque. On voit par là que les relations entre maîtres et élèves, quoique non comprises dans les cinq ordres de relations cardinales (Ngũ-luân), ne sont pas moins importantes pour la vie d'un homme. C'est dans le livre de Mencius qu'il est dit : « L'homme sans instruction ne diffère en rien des animaux ». Or, l'instruction ne peut s'acquérir sans maître.

Ainsi tout le monde a besoin d'un maître, et un vieil adage dit : « Sans maître, je te défie de faire quoi que ce soit ». Le rôle du maître est donc très important. Dans les livres canoniques on lit : « Le roi et le maître sont les premiers auxiliaires du Créateur. »

Devoirs du maître. — Dans le premier âge, l'enfant, en toutes choses, se repose sur ses père et mère. Mais dès qu'il commence à comprendre, il s'attache au maître pour étudier les livres d'histoire et de morale. A partir de ce moment jusqu'au jour où il sera un homme, soit bon, soit mauvais, c'est le maître qui en assume toute la responsabilité. C'est pourquoi dans le livre Thông-thơ il est dit : « Le maître a la mission de comprimer les mauvais penchants et de rectifier les natures qui ne sont pas droites ».

Pour accomplir tant de devoirs si difficiles, le maître doit faire tous ses efforts pour être à la hauteur de sa tâche et répondre à l'espoir des parents des élèves. Le grand lettré Tuân-tử dit : « Pour être maître il faut remplir les quatre conditions indispensables suivantes, en plus de la question d'instruction : 1e Être grave, sérieux et scrupuleux ; — 2e Être âgé, énergique et exact ; — 3e Ne pas chercher, dans les cours, à être irrévérencieux ou offensant ; —

4ᵉ Expliquer et développer tous les secrets de sa science.»

D'autre part, entre maître et élève, il y a autant d'affection qu'entre père et fils et qu'entre frères, et d'estime qu'entre roi et sujets et qu'entre amis. Il faut donc que le maître s'occupe non seulement de l'instruction de l'élève, mais aussi et surtout de sa conduite ; si l'élève commet une bonne action, il doit l'encourager, comme il doit le réprimander pour une mauvaise. Il doit aussi le dresser à la lutte pour la vie en lui conseillant de faire le bien et d'éviter le mal, car il ne dépend que du maître pour que l'élève prenne le bon ou le mauvais chemin. Dans le livre Pháp-ngôn (maximes) on lit : « Ô maître ! Ô maître ! Tu as entre tes mains le sort de la jeunesse. »

Devoirs de l'élève. — Vos parents vous élèvent, mais c'est le maître qui vous instruit et vous éduque. Ce ne sont peut-être pas les mêmes sentiments qui vous lient aux uns et à l'autre, mais vous devez avoir les mêmes obligations pour tous. C'est pourquoi le devoir de l'élève est de vénérer le maître comme les parents. Pour les choses mêmes les plus insignifiantes, il faut toujours être dévoué et respectueux envers le maître. Le livre des rites enseigne : « Si vous accompagnez votre maître, il ne faut pas le quitter pour causer avec d'autres personnes ; si vous le rencontrez dans la rue il faut accourir, les mains croisées, auprès de lui pour le saluer ; et, s'il vous parle, vous lui répondez respectueusement, sinon, vous le saluez de nouveau et vous vous retirez. Si vous vous asseyez auprès de lui et qu'il vous pose une question, attendez qu'il ait fini pour lui répondre, ou bien si vous voulez lui demander quelque chose, il faut d'abord vous lever ». Ce ne sont que de simples marques de déférence, mais elles témoignent bien de vos sentiments de respectueuse affection, et votre devoir est de les graver dans votre mémoire. Il vous reste encore bien d'autres devoirs plus sérieux, que vous enseigne le livre des entretiens philosophiques : « Au dedans de sa famille, un élève doit être plein de piété filiale, au dehors il doit être condescendant ; partout il doit être toujours attentif et sûr ; il doit aussi aimer grandement son prochain et fréquenter les hommes généreux. Et si, après avoir pratiqué toutes ces vertus, il lui reste encore du temps, il peut le consacrer à étudier les lettres ».

En lisant nettement ce qui précède, vous pouvez vous pénétrer de vos devoirs d'élèves, qui ne consistent pas seulement à étudier, mais aussi et surtout, à vous perfectionner dans la pratique de la piété filiale, de la condescendance fraternelle, de la fidélité et de la sincérité. Plus vous veillez tard et vous vous levez tôt pour acquérir de nouvelles connaissances, plus vous devez songer aux bienfaits de votre maître qui a fait tous ses efforts, qui s'est donné tant de peine pour vous. Vous ne saurez que faire pour vous acquitter de votre dette ! Pour toute récompense, il ne vous demande qu'une chose : que vous puissiez contenter vos parents. Aussi devez-vous vous répéter sans cesse que votre maître c'est votre père, que vous avez à respecter l'un comme l'autre. Le livre des rites vous apprend : « Il ne faut jamais offenser le maître, ni jamais lui rien cacher. Il faut le vénérer, le soutenir, être constamment à ses côtés. Pour toutes choses qu'il vous demande, soyez attentifs et laborieux. Et s'il vient à mourir, vous devez porter son deuil dans votre cœur pendant trois ans ».

Quoique ce livre de conseils s'adresse d'abord aux écoliers qui pratiquent surtout l'étude de l'annamite pour se rendre plus aptes à apprendre plus tard le français, ne négligeons pas de leur apprendre, dès maintenant, qu'ils auront plus tard à témoigner aux maîtres français la même reconnaissance. Sans doute ne la leur témoigneront-ils pas par les mêmes rites, mais en attendant qu'ils apprennent le français, et la morale française qui, comme nous l'avons dit, sera, par un chemin un peu différent, la vérification incessante de leur morale annamite, il faudra qu'ils se pénètrent bien de ce principe : le mensonge de l'élève est une offense envers le maître. Le mensonge est le vice engendré par la crainte et la lâcheté, excusable chez l'esclave, ou le malfaiteur qui cherche à sauver sa vie. Aussi apparaît-il à vos maîtres français qu'en leur mentant, vous faites preuve d'ingratitude et de crainte servile et non de l'affection qu'ils vous accordent à tous comme si vous étiez des écoliers de France. Sachez que le nom de Français, autrefois Franc, veut dire aussi qui ne ment jamais.

Les autres qualités individuelles que recherchent les maîtres français chez leurs élèves vous les avez déjà ou les aurez plus tard. Qu'il vous suffise dès que vous aurez des maîtres français de savoir que la plus grande marque d'affection et de respect pour eux, c'est de ne jamais leur mentir.

Savez-vous pourquoi le mensonge de l'élève au maître est considéré en France comme un manque de respect ? C'est que le mensonge n'est excusable que chez l'esclave, chez l'opprimé, et comme l'école doit être le modèle de la parfaite justice et de la véritable égalité, c'est-à-dire de l'égalité de tous devant la loi, les élèves de France savent tous, et vous, leurs frères cadets, devez le savoir qu'à l'école il faut apprendre à ne pas mentir, parceque mentir à quelqu'un, c'est lui montrer qu'on lui obéit par crainte et non par affection et par respect de la loi. Vous apprendrez plus tard la belle devise de la France, qui a toujours combattu dans le monde pour défendre les droits sacrés de la justice : Liberté, Egalité, Fraternité.

Vous êtes libres, et la liberté c'est le droit de faire tout ce qui ne nuit pas à autrui ; vous êtes égaux, c'est-à-dire que riches ou pauvres, jeunes ou vieux, forts ou faibles, vous êtes tous égaux devant la loi ; et vous devez vivre comme des frères, c'est-à-dire que vous devez chercher à traiter vos concitoyens comme vos amis, vos frères.

C'est pourquoi vous verrez dans les livres de morale française, que la morale est complétée par l'instruction civique.

Vous n'avez pas besoin d'attendre jusque-là pour être instruits de vos devoirs au sortir de l'école et habitués à obéir tous ensemble à un même règlement, vous trouverez naturel et excellent d'observer la même discipline dès que vous rentrerez dans la vie, c'est-à-dire pour l'annamite des campagnes, quand vous passerez de l'école dans les réunions de vos familles et celles de vos condisciples, dans la commune qui est le premier cercle extérieur, concentrique à la famille.

XII.—DE LA COMMUNE

Dès que l'homme s'est créé une famille, il a songé naturellement à se fixer, c'est-à-dire à se choisir un habitat, car la vie nomade lui est devenue difficile si non impossible et il a fallu coûte que coûte qu'il trouvât un endroit pour vivre tranquille ; cet endroit a été l'embryon de la commune.

En dehors de la famille, c'est la commune qui a le plus de solidarité avec nous; car depuis nos ancêtres jusqu'à nous, c'est-à-dire depuis que la commune n'était qu'un désert jusqu'au jour où elle est devenu un centre prospère et populeux, ses habitants ont toujours partagé fraternellement tous les honneurs comme tous les déshonneurs, toutes les bonnes et mauvaises fortunes. Vivant dans le souvenir des ancêtres et étant liés par les sentiments de solidarité, les habitants d'une même commune doivent accomplir consciencieusement tous leurs devoirs réciproques, afin d'être dignes de l'humanité.

Ainsi vous avez des devoirs envers votre commune, auxquels il faut vous habituer de bonne heure. Pour les accomplir, il faut tout d'abord vous rappeler les quatre préceptes suivants, tirés du coutumier de Lam-điên-Lữ-thị :

« 1° — S'exhorter mutuellement à pratiquer la vertu et à se faire une situation sociale, c'est-à-dire faire le bien, se corriger de ses fautes, se perfectionner pour pouvoir diriger sa maison, respecter son père et ses frères aînés, être bon pour sa famille, bien considérer les vieillards et les supérieurs, être condescendant avec sa parenté et ses vieilles connaissances, être minutieux dans le choix de ses amis, être probre et prudent, être généreux et compatissant, secourir les malheureux, aider les gens à faire le bien, réprimander ceux qui ont mal fait, aider les gens à réussir dans leurs affaires, réconcilier les antagonistes, trancher les différends, faire ce qui profite à la communauté, empêcher ce qui nuit, voilà tout ce qu'il est indispensable d'accomplir ; quant à l'étude des livres, la culture des rizières, la direction des affaires de famille, aider les gens du peuple, craindre les lois, payer les impôts, ce sont aussi les choses à observer;

« 2ᵉ — Se reprocher réciproquement les fautes et les errements tels que : s'adonner aux boissons alcooliques, pousser aux procès, se disputer et se quereller, commettre des sottises, manquer de modestie, dire des choses malhonnêtes, inventer des histoires pour calomnier les gens, être dissipé et paresseux, fréquenter les gens indigues, être impoli, être inattentif aux affaires, être dépensier ;

3ᵉ — Observer scrupuleusement les usages tels que : respect envers les supérieurs, égards aux inférieurs, visite, salut, accompagnement, invitation, compliment de condoléance, félicitation;

4ᵉ — S'entr'aider dans les inondations, incendies, vols, piraterie, maladie, deuil ; secourir les orphelins, les faibles, les opprimés, les pauvres et les malheureux. »

C'est en accomplissant tous ces devoirs que l'on peut être un parfait citoyen.

D'autre part, entre voisins, il est impossible d'empêcher des poules ou des cochons de passer chez les uns et les autres, les domestiques de se quereller, de s'offenser par actes ou par paroles, il faut beaucoup de concessions réciproques pour entretenir de bons rapports de voisinage ; mais ce qui importe surtout, c'est de toujours se reprocher et jamais rien reprocher aux autres. Si l'on se formalise pour des riens, on se garde toujours rancune et on n'est jamais tranquilles. Notre bonne conduite envers la commune profite également à toute la société, car si tout le monde agit de même, il y aura solidarité parfaite et partout règneront la paix et la concorde.

———

Tout ce que nous avons dit de la commune et de vos devoirs envers elle s'applique aussi bien à tous les cercles plus grands concentriques à la commune, c'est-à-dire au canton, à la province, à la Cochinchine tout entière, à l'Indochine et à la France, notre grande patrie qui englobe toutes les petites.

De même que les écoliers groupés dans une même école sous l'autorité du maître, obéissant à un même règlement, auquel obéissent, au même moment dans toutes les écoles de même degré, tous les autres élèves de Cochinchine, de même plusieurs communes se groupent pour former un canton et doivent se comporter entre elles dans l'intérêt du canton, de manière à ce que l'une ne cherche pas son intérêt au détriment d'une ou plusieurs autres.

Ne serait-ce que pour l'entretien des routes intercommunales et cantonales qu'il faut que les communes s'entendent entre elles pour former un canton prospère. Il faudra aussi que les divers cantons d'une province sacrifient chacun une part de ses intérêts particuliers à l'intérêt général de la province ; il faudra ensuite que la province s'unisse à d'autres provinces pour les travaux d'utilité publique, pour les canaux, les ponts, les routes qui assurent le trafic et les communications d'une province à l'autre. Certaines provinces sont plus riches et d'autres plus pauvres, aussi le gouvernement de la Cochinchine se charge-t-il de l'intérêt commun en conciliant les intérêts parfois opposés des diverses provinces. Enfin, la Cochinchine reliée au Cambodge, à l'Annam, au Tonkin, au Laos par des chemins de fer, des bateaux à vapeur sur les grands fleuves ou par mer, ne peut avoir d'intérêts opposés à ceux de l'Indochine, dont le gouverneur de la Cochinchine et tous les résidents supérieurs s'accordent sous le gouverneur général pour assurer la prospérité générale, la paix et l'union, pour rendre à la France tant de bienfaits qu'elle a assurés aux diverses parties de cette belle colonie de l'Indochine.

Si bien qu'en regardant toujours plus loin de cercle en cercle, à mesure que vous serez plus instruits, vous accomplirez toujours votre devoir de plus en plus large. Mais sachez que si le sort vous a placés dans un cercle plus petit il vous suffira de faire votre devoir immédiat et dans votre cercle pour avoir bien mérité de votre famille, de votre commune, de votre patrie et de la France elle-même.

Vous apprendrez par ailleurs les divisions administratives de la Cochinchine, les différents pouvoirs des notables, sous-chefs et chefs de canton, des huyện, des phủ, des maires, des administrateurs, groupés sous l'autorité du gouverneur de la Cochinchine et du gouverneur général. Vous apprendrez ensuite dans les livres français l'organisation administrative de la France.

Mais vous n'apprendrez rien qui ne se résume aujourd'hui dans votre devoir d'écolier, obéissance volontaire aux lois et à l'autorité, la reconnaissance aux pères et mères, aux maîtres et l'amitié fraternelle entre concitoyens, fondée sur la principale vertu que vous devez pratiquer dès l'école : La solidarité.

XIII. — SOLIDARITÉ

Qu'ils le veuillent ou non les hommes sont solidaires, c'est-à-dire qu'ils dépendent les uns des autres et que toutes leurs actions, même celles qu'ils croient les moins importantes, ont une répercussion sur les actions des autres. Cette solidarité s'observe plus facilement dans la famille, où l'oubli par un des membres de la moindre règle de morale nuit à tous les siens. C'est pour cela que dans l'ancienne coutume annamite, les parents morts étaient anoblis à cause des mérites et des vertus de leurs descendants, ou, au contraire, étaient déshonorés par les crimes de leurs descendants, surtout pour le crime de rébellion ou de haute trahison, qui, compromettant l'ordre de toute la société, a les plus graves conséquences.

Dès l'école, un enfant qui, au lieu de travailler, se laisserait tenter par le jeu et la paresse, doit savoir qu'il peut ainsi compromettre la sécurité de ses parents, si devenus vieux ils ne peuvent plus compter sur un ignorant pour les aider dans leur misère. De plus, un paresseux nuit à ses camarades en les dissipant et en faisant perdre le temps au maître, si bien que les meilleurs et les mieux intentionnés ne peuvent pas profiter des leçons de l'école. Au contraire, si chaque élève ne pense qu'à faire son devoir, toute la classe fait des progrès, le maître, les parents et le village même tirent honneur du succès de l'école.

A côté de cette solidarité morale, il existe une solidarité matérielle qui n'a pas besoin d'être démontrée, c'est-à-dire que le moindre dommage subi par un individu constitue une perte pour toute la société, et que le bien de l'un tourne toujours à l'avantage de tous.

Mais la solidarité morale seule importe, c'est-à-dire la conscience que chacun doit avoir, dès la jeunesse, que tout effort vers le bien tourne au bonheur général de la société, tandis que tout vice, tout oubli de la morale, toute transgression des lois nuit à la société tout entière. Si vous n'oubliez jamais qu'en travaillant à devenir meilleurs et plus instruits, vous aidez au progrès moral et à l'instruction des autres, vous serez dignes de la société et de votre famille. Comme citoyens, vous apprendrez plus tard à pratiquer la mutualité et, aussi, la solidarité sous toutes ses formes; comme écoliers, pratiquez d'abord les devoirs d'entr'aide mutuelle selon votre savoir et vos moyens. Que les plus grands protègent les plus petits, que les forts défendent les faibles contre les lâches qui les attaquent, que les plus intelligents et les plus instruits aident les autres à apprendre et à comprendre leurs leçons, que chacun se sente content et honoré du succès de l'école, et vous aurez déjà pris l'habitude de solidarité ; et vous serez plus tard des citoyens utiles à votre pays.

Si tous les hommes étaient également droits et honnêtes, la société n'aurait pas besoin de faire des lois pour se protéger contre les mauvais citoyens.

Un enfant naturellement droit, n'obéit pas par contrainte, il ignore même qu'il y a des lois pour punir les mauvaises actions auxquelles il ne pense jamais. Mais sans mauvaise intention on peut mal faire par ignorance. Nul n'est censé ignorer la loi et l'ignorance n'est pas une excuse, c'est pourquoi on ouvre tant d'écoles et c'est pourquoi il faut, comme nous le faisons, étudier la morale. A chaque chose nouvelle que vous apprendrez, chaque fois que vous sortirez de classe, demandez-vous si cela vous servira à devenir meilleurs et si vous avez bien rempli votre devoir de chaque jour envers les autres. Si vous l'avez bien rempli ; si vous avez, si peu que ce soit, augmenté votre savoir, votre mérite, soyez bien persuadés que vous avez rendu service à tous. Et si vos camarades en font autant, tout ce qu'ils auront fait de bien vous servira un jour à vous-mêmes.

Quand vous serez bien pénétrés de votre vieille morale annamite, où tout ce qui est utile à la ruche est utile à l'abeille, quand vous continuerez vos études en français, vous referez le chemin en sens inverse et vous arriverez au même résultat, en prenant comme point de départ l'étude de vos devoirs envers vous-mêmes. Vos devoirs vous paraîtront d'autant plus importants que de votre valeur individuelle dépendra la valeur de votre pays tout entier, et de votre bonheur celui de votre famille, de celui de votre famille celui de votre commune, de celui de votre commune celui du canton, puis de la province, puis du pays, car tout ce qui est utile à l'abeille est utile à la ruche.

POSTFACE

Voilà terminé notre cours de morale; sans doute il n'est pas complet, mais les maîtres et les parents le complèteront facilement par les réflexions que ce petit livre leur suggérera. Un cours de morale s'explique surtout par des exemples, les maîtres en trouveront beaucoup dans la vie journalière de l'école. Ils donneront les bons élèves en exemple aux mauvais. Les parents surtout ne manqueront pas de conseiller aux enfants d'imiter telles personnes de leur entourage et de fuir l'exemple mauvais de certaines autres.

Enfin comme exemples tirés de la tradition ou de l'histoire, nos élèves trouveront matière à réflexion dans le petit livre de lectures morales qui fait suite à ce petit cours de morale. Après chaque lecture morale, à l'école ou dans la famille, les maîtres ou les parents pourront demander aux enfants à quelle partie de leur cours se rapporte ce qu'ils ont lu et quelles citations classiques ces lectures leur rappellent. Si les maîtres et les parents veulent bien se faire nos collaborateurs en développant eux-mêmes bien des points sur lesquels nous n'avons pu nous étendre, l'enseignement de la morale prendra la place à laquelle il a droit et nous nous estimerons récompensés de notre modeste travail.

ERRATA

A la page I, il faut une virgule (,) après « de tout le travail »

A la page III, il faut deux points (:) après « la même morale »

Aux pages :

20, il faut un F majuscule au mot « français » ;

22, au lieu de « munitieusement », il faut lire « minutieusement » ;

23, au lieu de « Conficius », il faut lire « Confucius » .

24,   id.   id.

32, au lieu de « tous ceux que nos père et mère aiment nous devons aimer », il faut lire : « nous devons aimer tous ceux que nos père et mère aiment » ;

37, au lieu de « un lien d'affection mutuel. Car rien........ », il faut lire : « un lien d'affection mutuelle. Rien .... ».

Tirage 2000 Exemplaires
Saigon, le 12 Juillet 1917.

Documents manquants (pages, cahiers...)
NF Z 43-120-13

www.ingramcontent.com/pod-product-compliance
Lightning Source LLC
LaVergne TN
LVHW021008090426
835512LV00009B/2139